THIS LAMENTABLE CITY

Tupelo Press Poetry in Translation

Abiding Places: Korea, South and North
by Ko Un
Translated from Korean by Hillel Schwartz and Sunny Jung

Invitation to a Secret Feast: Selected Poems
by Joumana Haddad
Edited and introduced by Khaled Mattawa
Translated from Arabic by Najib Awad, Issa Boullata,
Marilyn Hacker, Joumana Haddad, Khaled Mattawa,
Henry Matthews, and David Harsent

Night, Fish and Charlie Parker
by Phan Nhien Hao
Translated from Vietnamese by Linh Dinh

Stone Lyre: Poems of René Char
Translated from French by Nancy Naomi Carlson

This Lamentable City: Poems of Polina Barskova
Edited and introduced by Ilya Kaminsky
Translated from Russian by Ilya Kaminsky with Kathryn Farris,
Rachel Galvin, and Matthew Zapruder

TUPELO PRESS
NORTH ADAMS, MASSACHUSETTS

This Lamentable City

POEMS OF POLINA BARSKOVA

*Edited and
Introduced by*
Ilya Kaminsky

Translated by
Ilya Kaminsky
with Kathryn Farris,
Rachel Galvin, and
Matthew Zapruder

Acknowledgments

The poems in this collection have been published in *Crab Creek Review, Guernica, Hayden's Ferry Review, Passages North, Runes, Washington Square Review,* and *Zeek.* The author and translator express their gratitude to the editors of these journals. In addition, Ilya Kaminsky thanks the following people for reading these translations and offering their generous comments and suggestions: Jericho Brown, Katie Ford, Jim Schley, and G.C. Waldrep. Thanks also to Jeffrey Levine for his ongoing encouragement.

This Lamentable City: Poems of Polina Barskova

ISBN-10 1-932195-83-1
ISBN-13 978-1-932195-83-5

Library of Congress Cataloging-in-Publication Data

Barskova, Polina.
  [Poems. English Selections]
  This lamentable city : poems of Polina Barskova / edited and introduced by Ilya Kaminsky ; translated by Ilya Kaminsky...[et. al]. -- 1st Paperback ed.
      p. cm. -- (Tupelo Press Poetry in translation)
  Includes bibliographical references.
  ISBN 978-1-932195-83-5 (pbk. : alk. paper)
  1. Barskova, Polina--Translations into English. I. Kaminsky, Ilya, 1977- II. Title.
  PG3479.R747L3613 2010
  891.71'5--dc22

                               2010000079

Cover and text designed by Josef Beery, and composed in the font Minion.
Cover photograph of Orthodox cemetery copyright Elena Rachkovskaya, 2009.

Printed in the United States.
First paperback edition, March 2010.
13 12 11 10   5 4 3

Tupelo Press
P.O. Box 1767, North Adams, Massachusetts 01247
Telephone: (413) 664–9611 / Fax: (413) 664–9711
editor@tupelopress.org / www.tupelopress.org

Tupelo Press is an award-winning independent literary press that publishes fine fiction, non-fiction, and poetry in books that are a joy to hold as well as read. Tupelo Press is a registered 501(c)3 non-profit organization, and we rely on public support to carry out our mission of publishing extraordinary work that may be outside the realm of the large commercial publishers. Financial donations are welcome and are tax deductible.

 Supported in part by an award from
the National Endowment for the Arts

NATIONAL
ENDOWMENT
FOR THE ARTS

*To all my teachers of English —
especially to Freya Crawford
– P.B.*

Содержание

Contents

On Polina Barskova's Poetry

POLINA BARSKOVA is an elegiac poet who brings to her American readers a language formally inventive, worldly and humorous. One of her strengths is her ability to bring together strikingly erotic, sensual images — such as the licking of dead bodies — with a deep sense of history and culture.

But what sets Barskova's work apart from so many of her contemporaries is her strong sense of purpose, a timeliness, what might even be termed a carefully controlled recklessness. It is refreshing to see this poet's passion, even one as dark or nihilistic. She — like many of her contemporaries — aims to shed the romantic image of the poet, calling herself "a writing machine." And yet there is more; there is a maddening drive, a necessity behind these lines (from a piece not fully translated for this book):

> But wait: give me 10 minutes, give me 20 minutes.
> I will begin writing — on the grass, on you, on a stone.
>
> On my own, or on a stranger's, or on the turtle's soft tongue.
> Make me unseen, allow me
>
> to walk off with a wet cigarette in my pocket,
>   an apple in my bag.
> Distract for a moment the child so studiously
>
> observing me, for like the Word withheld
> he is unique, laughing so precisely, howling
>
> so brightly, like a loom, like the seductive trust in a house.
> I am a writing machine, your foolish android.

Here we see how in Barskova's poems irony comes hand-in-hand with emotion. Her feelings are oftentimes elegiac, so irony carries laughter, however momentary, into the poetry of heartbreak.

Barskova's is also the poetry of a strong erotic inclination. And by erotic I do not mean merely sexual, although there is plenty of that in her work as well. What I mean has to do with the Greeks' definition of *eros* as *standing outside of one's body.* This eroticism appears in pieces as varied as a love lyric, a poem of farewell, or a treatise on poetics (as here, from "When someone dies..."):

> *... entering into*
> *madness they licked*
> *each other hoping to quench*
> *their thirst with sweat.*
> *Isn't that how we, glorifiers*
> *of the Russian Word*
> *lick the proud forehead,*
> *lick the tender mouth*
> *lick the cheeks, lick the stomach,*
> *to quench our desire?*

Barskova's poetry shows an intense awareness of her body moving through time, of all our bodies moving through time and place, adding a tangible, erotic physicality to more metaphysical concerns.

In Russian, Barskova is a master of meter, rhyme, and alliteration, and clearly a great deal of her formal music is lost in English. This is a "free" translation (for example, Barskova's "Not far from where Dr. Kafka lies in the earth" becomes in English "Not far from where Dr. Kafka lives in the earth"). What comes across in English is the tonality of the poems, the clarity of her vocal play and images, her intricacy of address; and Barskova, who is fluent in English, has read and approved these versions. I am pleased to have had a part in sharing them with you.

Ilya Kaminsky
San Diego, California

О поэзии Полины Барсковой

Стихи поэта-элегика Полины Барсковой обещают
интонационную свежесть американскому читателю
в первую очередь потому, что в её голосе сочетаются
природная необузданность и глубокая приверженность
литературной традиции. Сочетание это не вполне
обычно для современной американской поэзии и, как
мне представляется, может найти себе последователей.

Это далеко не все оригинальные качества, присущие
поэзии Барсковой. По-русски эти стихи поражают
изобретательностью формы, мудрым юмором,
обострённой лиричностью. И всё же наиболее
необычным, по моему мнению, американскому
читателю может показаться контраст трагически
интенсивной образности (например, она призывает нас
вылизывать тела мёртвых) и постоянный поиск опоры
в области высокой культуры. Странной, даже дикой
образности (чуть ли не на каждой странице этой книге
я находил что-то невероятное) постоянно сопутствует
рой цитат, аллюзий, общего ощущения книжности,
редкого сегодня в американской поэзии.

Эта книжность вкупе с иронией, дикостью
воображения и лирической незащищённостью не
может оставить равнодушным. Особенно потому, что
ирония Барсковой отличается от иронии большинства
современных американских читателей поэзии. Здесь
она часто существует сама по себе и ради себя, а для
Барсковой ирония неотделима от поэтической эмоции.
В её элегический мир ирония привносит вспышку
смеха, не слишком яркую, но не лишнюю, когда сердце,
кажется, вот-вот разорвётся.

В элегиях Барсковой оттенок иронии, а может даже
и комедии не является чем-то внешним: он составная

часть этой текстуры, им пронизан синтаксис, все уровни дикции. Например так:

> *Вот уже и январь,*
> *И у нас тут, я извиняюсь магнолии*
>   *распустили пёсьи свои языки*
> *Розовые на сером фоне осадков, и каждый*
>   *раз, проходя*
> *Мимо этих чудес, вспоминаю запах твоей руки,*
> *Оторванной от меня, оторванной от тебя.*

Поэзия эта насквозь эротична. И, говоря это, я имею ввиду не только сексуальную энергию, которой, впрочем, здесь хватает. Но я говорю о том, что под эротикой, Эросом понимали греки — то, что не вмещается в рамки тела, то, что находится за пределами его. В поэзии Барсковой постоянно присутствует тело, движущееся во времени и находящееся в контакте с другими телами, движущимися во времени — от этого её метафизические наблюдения являются также обострённо физическими. И это чувствуется везде — и в сцене прощания с возлюбленным и в рассуждении о современном состоянии отечественной поэзии:

> *Погружаясь в безумие,*
> *Они лизали друг друга,*
> *Надеясь потом утолить жажду.*
> *Не так ли и мы, радетели русского слова.*
> *Лижем, лижем гордый лоб*
> *Лижем лижем нежный рот*
> *Лижем щёки веки зоб*
> *Утолить желанье чтоб.*

Как видно из процитированного пассажа, Барскова часто использует повторение, почти уже становящееся

заклинанием (поцелуй меня сюда/у меня вот здесь
вода/поцелуй меня туда/у меня и там вода). Этот
прото-шаманический приём мне удалось перенести
в переводы. В оригинале всё, конечно, строится на
мощной метрической и ритмической основе — этого я
в американскую версию не перенёс, даже и не пытался.
Что же остаётся? Странность голоса, яркость образов и
музыка повторений.

Также американскому читателю может показаться
любопытным ощущение цели, предназначения. Во
времена, когда поэзию поработила и поглотила ирония
ради иронии есть нечто освежающее в страсти к
поэзии, даже если это страсть нигилиста и элегика. И
Барсковой не чужда ирония. И она, борясь с образом
романтического поэта, готова называть себя «пишущей
машиной». Но есть здесь иное — напряжённое
ощущение заданности пути, необходимости своего
ремесла:

Погоди: дай мне 10 минут, дай мне 20 минут.
Я стану писать — на траве, на тебе, на камне.
На своём, на чужом, на черепашьем мягоньком
    языке.
Сделай меня невидимой — прикрой моё
отступление — дай мне
Дезертировать с жухлою сигареткой в кармане,
    с яблоком в рюкзаке.

Эта физическая потребность к письму, конечно,
связана с тем, как обильно Барскова упоминает и
цитирует других писавших и пишущих — здесь Библия,
Набоков, Кавафис, Ахматова, Недоброво, Толстой,
Аристотель и многие, многие другие. Иногда от этого
обилия гостей устанешь, но перепутать их, вживлённых
в ткань стиха Барсковой, невозможно. В конце концов,

читатель (или, хотя бы — читатель-переводчик) испытывает благодарность: ибо возникает ощущение разговора на равных с мёртвыми, они появляются здесь не потому, что поэт решил похвастаться своей учёностью, а потому что ему/ей, по выражению Одена, необходимо «преломить хлеб с мёртвыми». В результате мёртвые становятся персонажами стихов Барсковой и оживают: «И точно также шутили о наших покойниках, легкомысленно нас покинувших, оставивших нас на...»

Преломление хлебов с умершими, одалживание умершим нашего языкового аппарата — вечная задача поэзии, неотступная задача, сколько бы иронии ни было растворено в дне сегоднящнем:

Но водою я не стану и не стану я огнём.
Вы — эфесские ребята — уж побудьте ни при чём.
Лучше стану я зигзицей, лучше стану я ресницей,
Или лучше — власяницей — поплотней к тебе
*   прилечь,*
Иль предлогом там, частицей...

Поэзии дано отражать своё время и переживать своё время. Поэзия подаёт сигнал тем, кого сейчас уже или ещё нет с нами. Справится ли поэзия Барсковой с этой задачей? Этого не знаю, но знаю, что меня её поэзия волнует и я рад сейчас поделиться ею с вами.

Илья Каминский

Editor and coordinating translator Ilya Kaminsky would like to thank his co-translators for their help with many of the poems in *This Lamentable City*.

Kathryn Farris's translations have appeared in many literary journals, including *Washington Square Review, Quarterly West,* and *Runes,* and in anthologies such as *New European Poets* (Graywolf, 2008). She teaches at Brown University, where she is completing an M.F.A. in Literary Arts.

Rachel Galvin's translations, essays, and poems have appeared in *McSweeney's, World Literature Today, Drunken Boat, Gulf Coast,* and *Nimrod.* She teaches at Princeton University, where she is pursuing a Ph.D. in Comparative Literature. She recently completed a translation of Raymond Queneau's *Courir les rues* and is now translating Cesar Vallejo's *Poemas Humanos.* Her first book of poems is *Pulleys & Locomotion* (Black Lawrence, 2009).

Matthew Zapruder was co-founder and editor-in-chief of Verse Press, which has since become Wave Books, where he serves as co-editor. His book of poems *The Pajamaist* (Copper Canyon, 2006) won the William Carlos Williams Award from the Poetry Society of America. His book *American Linden* (2002) won the Tupelo Press Editors' Prize. He is also the translator of *Secret Weapon: The Late Poems of Eugen Jebeleanu* (Coffee House, 2007).

THIS LAMENTABLE CITY

А. К.

Тебе еще страшно, моя непутевая бэби?

Немного Господнего хлеба и ложка вина.

Представь, расположимся мы в Парадизе, на небе,

И будет оттуда вся наша наличность видна.

Все то, что растратили мы, раздарили, раскрали,

Внизу заблестит, словно птицы железной помёт.

А гордые ангелы, эти бесполые крали,

Опять замешают на желчи лазоревый мед,

Который вольют в твое нежное алое горло.

Ты станешь нема и послушна, слаба и мала.

Забудешь, кого ты желала и чем ты была,

Измученный город, в котором со мною жила.

Тебе еще страшно? А мне уже странно и горько.

To A. K.

Are you still frightened, my clueless *devochka*?
Take a morsel of the Lord's bread (and a spoonful of wine, no?),
Imagine how we will reside in Paradise, in the skies,
And how we (finally) will see every thing—
Our currency, all we have lost or stolen on Earth
Will glitter below: like the minute droppings of an iron bird.
And the proud angels, those tall sexless bitches,
Will again blend into their ruthlessness the sweetest honey,
Which they will pour down your throat, your exquisite throat.
And you are now mute and cautious, now small and tranquil,
Now you will forget what you desired. Now,
Who you were. Now, this lamentable city
Where we have lived together.
Are you still frightened, girl? Already
I am a bitter stranger.

— *translated by Ilya Kaminsky with Kathryn Farris and Rachel Galvin*

Материнство и Детство

Ещё одно размышление в Праге. Возле могилы Елены Набоковой.

Неподалёку от места, где покоится Доктор Кафка,

Где были бы объяснимы сувениры, туристы, давка,

Там пустота, изумрудным плющом зарастает лавка.

Посижу-посижу да пойду.

Налево направо прямо.

Износившийся крест, унылая кошка, яма.

Подпоручик Такой-то, Аверченко, рядом — мама

Одного из любимых нами (тобой и мною)

Увлажнителей дум, укрывателей пеленою

Скушной правды о жизни (она-де подобна гною)

Вот лежит на обочине Праги. Одна, бедняга.

И могила над ней — неряшка и растеряха,

И сидит над ней и чешет живот дворняга,

И мычит вдали таинственым шумом Прага.

Вот лежит на окраине Праги, под влажной хвоей.

Так темно и тихо. Я думаю, Дафнис с Хлоей

Беспрепятственно здесь предались бы своим забавам

На ковре смолисто-душистом, живом и ржавом.

На окраине Праги лежит его мама, та, что

Поливала его в тазу из ковша и пела.

И ему казалось, что вся она — словно башня,

В темноту уходило, взлетало, вздымалось тело

Motherhood and Childhood

Another reflection from Prague, by the grave of Nabokov's mother

Not far from where Dr. Kafka lives in the earth
Where I expected souvenirs and tourists
Is an empty space, a bench, trees.

I'll sit a little while and go.
Left to the right directly straight-ahead.
A tired cross, a bored little cat, a hole in the earth.
Sergeant so-and-so, Averchenko, and next to him — the mother,
Of the one we both love,
One who moistened thoughts, veiled with smoke
The boring truth about days (that they rot).

Here, on the far end of Prague, alone, poor girl, his mother.
And the gravestone over her is a confused dirty rock.
And a homeless cat sits on it, scratching its white belly.
And not far, with a magisterial noise Prague moos.
It is quiet and dark. I believe Daphnis and Chloe
Would without pretense here surrender to their joys.
She lives here in Prague's soil, under wet pines, his mother
Who washed him in the basin with a cup of water, and sang.
In the darkness her body was leaving, trembling, in flight.
And he a lump of flesh in her hands —
A lump of flesh, her hand emitted warmth, a home.

Великанши, а он был комочком, комком и комом

Под её рукой — комочком, комком и комом.

От её руки тянуло теплом и домом

В те поры, когда нигде уж не пахло домом

Для него. Но даже это тепло и прелесть,

И прозрачность её, и мнительность, и картавость,

Как любые формы любви, наконец, приелись,

Ничего не осталось.

Умирала она одна — он не смог приехать,

Расценив подобный порыв — как порыв, как прихоть

И остался там, где сидел: за столом, *в очочках*,

Кошка мрачно копалась в оставленных ей кусочках,

Птица круглым безжизненным глазом смотрела прямо,

И ему сказали, что в Праге скончалась мама.

Горе горе и горе — он голый лежит на белом,

А она смеётся в своей вышине, как башня,

И жемчужным телом и звёздным телом и снежным телом

Закрывая от слова "странно" и слова "страшно."

But for years her scent, and years later, her scent.
And her clarity, and doubt, and her whispers —
Like every love, in the end, she bored him.
Nothing was left.

She was dying alone — he could not come;
At the table in his reading glasses, he sat.
The cat darkly dug into the smallness of a caught bird.
The bird's cooling eye stuck straight.
And he was told: In Prague, Mama died.

He lies naked on something white,
She laughs above
She covers him
With her pearl, her body her
Star, her body her snow, her body
On top of the word "strange,"
On top of the word "fright."

— *translated by Ilya Kaminsky*

Рукопись, Найденная Наташей Ростовой
При Пожаре Москвы

я конечно постараюсь жить на свете без тебя

вот немного постараюсь и привыкну без тебя

только знаешь мой любимый как же можно без тебя

ты ведь мне необходимый как я буду без тебя

Кем я буду без тебя?

Я любым предметом буду,

Человеком я любым.

Всё равно мне, с чем сливаться,

Превращаться мне в кого.

Хочешь, стану этот поезд.

Может, стану этот дым.

Или стану педерастом,

Злым китайцем Джонни Vaugh.

Человек один на свете беззащитен, как бревно.

То волна его пинает, то Ильич его несёт,

То пила на нём играет, то песок его сосёт.

Но водою я не стану и не стану я огнём.

И поэтому, наверно, чтоб уж так-то не страдать,

Но водою я не стану и не стану я огнём.

Вы — эфесские ребята — уж побудьте ни при чём.

Лучше стану я зигзицей, лучше стану я ресницей,

Или лучше — власяницей — поплотней к тебе прилечь.

Иль предлогом там, частицей... Потому что только речь

Хоть на миг да озаряет это смутное чело.

Manuscript Found by Natasha Rostova During the Fire of Moscow

I will try to live on earth without you.

I will try to live on earth without you.

I will become any object,
I don't care what —

I will be this speeding train.
This smoke
Or a beautiful gay man laughing in the front seat.

The human body is without defense.

It's a piece of firewood.
Ocean water hits it.
Lenin puts it on his official shoulder.

And therefore, in order not to suffer, a human spirit
Lives
Inside the water and inside the wood and inside
    the shoulder of a great dictator.

But I will not be water. I will not be a fire.

Полетает, поиграет. Что случилось? Ничего.
Что-то было? Нет — не было.
То, что было, не сказать.
Говорят, огня без дыма
Не бывает.
Значит, стать
Кучкой дыма мне придётся
Над отвергнутой Москвой.
Утешать — кого придётся
Под кибиткой кочевой.

I will be an eyelash.
A sponge washing the hairs of your neck;
Or a verb, an adjective
I will become. Such a word

Slightly lights your forehead.
What happened? Nothing.
Something visited? Nothing.

What was there you cannot whisper.
No smoke without fire, they whisper.
I will be a handful of smoke
Over this, lost, Moscow.

I will console any man,
I will sleep with any man,
Beneath the army's traveling horse carriages.

— *translated by Ilya Kaminsky*

Когда Кто-То Умирает…

Из цикла Из бесед о конце русской поэзии

Когда кто-то умирает

Это просто угадать.

Он ведь сразу начинает

Как-то это не скрывать.

От него, пардон, душок

Из нарушенных кишок.

И толпой плешивых грифов

Вы находите его.

Только он не горстка мифов!

Он такое существо.

У него ещё растут

Ногти, волосы, клыки.

У него ещё пустот

Нет в материи души.

Собственно, наоборот —

В самый миг конца конца,

Доживая, в нём живёт

Драгоценная пыльца

Самый-самый сладкий сок

Выступает из него.

Трубный глас, высокий слог…

А не просто H_2O.

Вот тогда его лизни.

Я читала тут на днях:

When someone dies...
from "The Discourse on the Demise of Russian Literature"

When someone dies
It's easy to tell
Already he begins
In a way to disclose it,
He begins — forgive me for this — to stink
In his broken
Stomach and you
Discover him as you would
A crowd of red-haired worms.
But he's no handful of myths!
He is, delightfully, a being.
And from him
Nails, hair, teeth
Still grow and in him
Still the emptiness
— In the matter of the soul —
Won't appear.
On the other side
Of this moment,
Up until the end of the end
Precious dust is alive.
A sweet juice
Oozes from him. A sound
Like a trumpet,

Тысячи боевиков Талибана

Сдались в плен.

Их погрузили в железные контейнеры.

Их повезли по пустыне.

Умирая, погружаясь в безумие,

Они лизали друг друга,

Надеясь потом утолить жажду.

Не так ли и мы, радетели русского слова,

Лижем лижем гордый лоб

Лижем лижем нежный рот

Лижем щёки веки зоб

Утолить желанье чтоб.

Лазарь, ну-тка, Лазарь, встань!

Дай прильнуть к твоим устам.

Я бесстыжа, я смела,

У меня свои дела.

Я водою окроплю,

Околдую, оживлю,

Отведу к мамаше в гости:

На — смотри, кого люблю.

A high vowel
Sound, not just water.
Right now you should lick him.
A few days ago I read:
Thousands of Taliban soldiers
Surrendered and were placed
Into iron trains
Moving through the desert.
Dying, moving toward
Madness they licked
Each other hoping to quench
Their thirst with sweat.
Isn't that how we,
Glorifiers of the Russian Word
Lick the proud forehead,
Lick the tender mouth
Lick the cheeks, lick the stomach,
To quench our desire?
Get up, Lazarus, get up!
Let me touch your lips
With mine, I'm shameless
I'm brave, I do
What I do, I pour
Water over you, over
You I whisper, I make you
Alive, I take you for a visit
To my mother and say:
Here's the one I love.

—*translated by Ilya Kaminsky with Matthew Zapruder*

Из Дневника Сумасшедшего Вацлава

Я был шахтером. И лилась вода,
Мои глаза седые заливая.
Моя сестра смешная и живая
Пасла великолепные стада.

Я был солдатом. Я боялся жить.
Погибнуть у меня не получалось.
Ко мне царевна в хижину стучалась
И подарила колдовскую нить.

Когда в трубе мелодия кончалась,
Ее клинок пытался повторить.
Я был рабом. Пылала госпожа
Преступной страстью к сумрачным славянам

Закат зеленый мне казался странным.
От горя на помосте деревянном
Я танцевал, шатаясь и дрожа.

From Mad Vatslav's Diary

I was a coal-miner, water
Poured over my gray hair, my eyelashes.
My sister, alive and laughing,
Shepherded such glorious cows!

I was a soldier, and afraid of living
I did my best to die — but did not manage to stumble
Upon any bad luck. The tsar's own daughter
Visited my cabin and gave me a magic rope.

I was a slave. My master's wife
Adored us, the dark, forbidden Slavs.
The green sunrise was the strangest.
In sorrow I danced, swaying, trembling, on wooden porches.

— *translated by Ilya Kaminsky*

Вечер в Царском Селе

M.

Ахматова с Недоброво
Гуляют в сумерках по парку,
Который просится в ремарку
(Допустим: "Парк. Сентябрь."). Его
Волнуют сплетни, вести с фронта,
Его последняя статья.
Ее волнует горизонта
Косая линия, скамья,
Приросшая к больному дубу,
Неразрешенная строка.
Он говорит: "Я завтра буду
В "Собаке." "Ты со мной?" Пока
Он ждет ответа, Анна смотрит
На стекленеющую тень
Свою и четко произносит:
"Сегодня был ненужный день."
Его волнует, даст ли Анна.
Она-то знает, что не даст.
Куски тяжелого тумана
Бросает небо, как балласт
Бросает гибнущий воздушный,
Коварно непослушный, шар.
Недоброво срывает душный,

Evening in Tsarskoe Selo

M.

Akhmatova and Nedobrovo
Stroll in the evening park,
Which begs for a footnote:
(e.g.: "A park. September."). He thinks
Of gossip, news from the front,
And his new article, while she
Worries by the horizon's bent line,
The park bench growing into the ill oak,
And an unfinished line in a poem.
He says: "Tomorrow I will go
To the Stray Dog. You?" And as
He waits for her to answer, Anna
Watches her glass-like shadow, and says:
"This has been an unnecessary day."
He worries: Will she? Won't she?
And she knows she won't.
The pieces of heavy sky
Fill with mist. Nedobrovo takes off
His scratchy awkward scarf.
He wants to know! She — doesn't want.
Already she half-whispers the ending

Колючий, неуместный шарф.
Он хочет знать! Она не хочет.
Она уже полубормочет
Решенье той смешной строки
И вдруг, о Господи! хохочет...
А ночь им лижет башмаки.

Of that comic unresolved verse,
And then, Lord — she laughs,
As the night licks at their boots.

— translated by Ilya Kaminsky

Летний Физиологический Очерк:
Спутники

Замечен мною был безумец,

Гроза берклийских улиток,

На голове его чёрная диадема,

В руках — трезубец.

Он их подкарауливает на клумбах, возле калиток,

Он ловит их на газонах, и хрясть ногою...

На земле остаются скорлупки и сгустки слизи...

Ты просила меня написать о жизни — пишу о жизни.

Поразительно часто она предстаёт такою...

Элементарною... в нашем посёлке дачном,

Населённом зверьками и выродками, увитом

Нестерпимо зелёными нитями

(Уильям Моррис повлиял на это убранство).

С надменным видом

Мой младенец свои владенья — сквозь жар иль морось

— Объезжает в своей тележке, влекомой мрачным

Предводительством бабушки (эта — скорей Росетти,

Эта бронза под патиной, роза под паутиной).

Никого им не нужно, как будто одни на свете —

Два причудливых зверя, вплетённых в узор единый.

Вот они замирают в безмолвии над улиткой,

Пережившею холокост от клюки соседа.

Вот они замирают в безмолвии над уликой,

Summer Physiological Essay: Wanderers

Was noticed by me —

A madman who destroys Berkeley's snails;

On his head, a black towel,

In his hands, an enormous trident.

He looks for snails in the gardens, by the fences.

He catches them at each gate, jumps on their bodies.

On the earth, their remains: shells, liquid pieces.

— You asked that I write about our life — I write about our life.

Strangely it often becomes so … elementary …

In our village where small animals live slowly

And humans jump on them.

Our village is covered with unbearably green ropes.

And with a superior stare

My two-year-old daughter

Observes her country through heat

And moisture. She rides in her baby carriage

Under the tedious leadership of her grandmother.

And they need no one. As if they were alone on earth.

Two beautiful animals, woven into the landscape

Of each other. They stand quietly over a snail

Which survived the holocaust of the neighbor's foot.

Иероглифом к ним приползшей с иного света.
Наклоняется Нонна, и Фросенька резвой ножкой
Ножку бьёт, нависая над гравием, над дорожкой:
Что они там видят? Скажи мне. И что там слышат?
И куда направляются каждое утро вместе? —
В предвкушении тех, кто движется, плачет, дышит,
Производит важные вести.

Here they are still, over a sign
Like a hieroglyph that arrived to them.
Nonna bends down. Frosya with
A lively little leg beats her other lively leg, hanging
Over the pebbles in the driveway.
What do they see there, tell me, what do they hear?
And, where do they walk together
Each morning ahead of all those who drive and cry and
Breathe and
Manufacture all earth's news.

— *translated by Ilya Kaminsky with Kathryn Farris*

Москва

Пустые хлопоты, казенные дома,
Прерывистые злые разговоры...
Так постепенно настает зима,
И темнотою тяжелеют шторы,
Бесформенные, словно жизнь сама.
Вот счастье редкое: всё износить до дыр,
Всё потерять. Стоять под небесами,
Как на лугу, в мистическом мерцаньи,
Людскими чреслами оставленный сортир.
И так теперь спокойно льется речь,
Никто не прерывает диалога
С тем, кто не дозволяет умереть
И лишь условно носит имя Бога.

Moscow

The emptied hills, the government buildings,

Whispers abrupt and evil —

So winter begins, and each disembodied bedroom curtain

Thickens with evening:

Our life. To lose your belongings,

Wearing each shirt to a small hole.

To stand under the sky as if in a valley.

In dazzling light: a lonely toilet

Abandoned by human asses.

How plainly now speech pours! The dialogue

That won't cease, with the one who does not grant death

And — only tentatively — wears the Lord's name.

— translated by Ilya Kaminsky with Rachel Galvin and Kathryn Farris

Союз И

Мы встретились в воскресение нет не то
Мы встречались и раньше но это было не то
Ты кофе пил через трубочку да ну и что
Голь перекатная птица залетная конь в пальто.
И ты взял меня за руку взял меня на руку взял меня.
И дерево в красных ягодах и гора и гора
И мы смеялись и слушали и Господи все фигня
И дерево в красных ягодах и кора и кора.
И мы имели друг друга не останавливаясь как звери
    в бойницах нор.
И хоть всякая тварь после событья печальная да мы не
    всякая тварь.
И мы росли из всякого сора и мы разгребали сор.
И ты втирал мне в кожу зерна жемчужны. Вот уже
    и январь,
И у нас тут, я извиняюсь, магнолии распустили песьи
    свои языки
Розовые на сером фоне осадков и каждый раз, проходя
Мимо этих чудес, вспоминаю запах твоей руки,
Оторванной от меня, оторванной от тебя.

Conjunction, And

We met on a Sunday, no not exactly,
we met before, but it wasn't that either:
you drank coffee through a straw but it was more like
a poor bird stopping in to see a horse in a coat
and you took me by the *took me by the* took me by the hand
and a tree with red berries *and mountains* and mountains
and we laughed and listened and Lord everything was bullshit
and the tree with its red berries *and its bark* and its bark
and we had each other like beasts without pausing
and if everything after the fact is sad we are not things
and we came from garbage and we played with garbage
and you caressed my skin with the seeds of pearls. Now it's January
already and over us, pardon me, pink magnolias with their dog tongues
on the grey background of old snow have bloomed, and every time I pass
among these miracles I remember the smell of your hand
torn from me, and torn from you.

— *translated by Ilya Kaminsky with Matthew Zapruder*

Натюрморт

Субботнее утро. Шуберт. Фрося терзает тапок.

Голубые гортензии. (Помнишь, у Сапунова.)

Я лежу на полу между куколок, шляпок, тряпок

И смотрю на тебя, и потом засыпаю снова.

Музыка для исполнения: над водой? Над водами? Над водою?

Немецкий опять застывает членом национал-социалистической

    партии в перепуганном рту.

Ты сидишь за компьютером, подёрнут, как инеем,

    своей фарфоровой красотою

И звуки Шуберта, как мышата, снуют у тебя во рту.

Уже три года я смотрю на тебя, как маньяк — на снятую

    с трупа камею,

В ожиданьи: придут полицейские — станут кричать,

Будут бить меня башмаком, а я буду лежать на полу,

    буду молчать.

Мол, ничего не знаю. Ничего не умею.

Голубые гортензии кучками фейерверка

По небу рассыпаны, словно здесь поработал космический крот.

— Мишенька, это не слишком ярко? — Это не слишком ярко.

Булькает Шуберт. Слёзы ко мне затекают в рот.

A Still Life

Saturday morning. Schubert. Frosya torments the slipper.
Blue hydrangeas. (Remember, as in Sapunov?)
I lie on the floor between dolls, small hats, t-shirts.
I stare at you, and close my eyes.

Music for performance over water? Over waters?
The German rhythm stops
    like a member of nationalsocialist party in a frightened mouth.
You sit by the computer, covered with light snow —
    covered with your own porcelain beauty.
And waters of Schubert like thousands of tiny mice boil
In your mouth. I've been looking at you
For three years, like a maniac
At the corpse's cameo
Waiting — the policemen will arrive — they'll begin to yell,
Beat me with a shoe, and I will lay quietly on the floor.
Know nothing. Hear nothing. Nothing.
The blue hydrangeas, a fistful of fireworks
    as if some celestial mole labors in the sky.
— Mishenka, is it too bright?
        — It is not too bright.
Bubbles of Schubert. Tears rolling into my mouth.

— *translated by Ilya Kaminsky*

Примечания

Материнство и Детство: Мать Владимира Набокова скончалась в Праге, во время Второй Мировой войны. Набоков не мог участвовать в похоронах. Аркадий Аверченко (1881–1925) был в своё время прославленным писателем-сатириком.

Рукопись, найденная Наташей Ростовой при пожаре Москвы: Наташа — несколько чрезмерно увлекающаяся, но неизменно искренняя героиня *Войны и Мира* Толстого.

Из Дневника Сумасшедшего Вацлава: Вацлав Нижинский, великий русский танцовщик и хореограф, проведший большую часть жизни в сумасшедшем доме (1889–1950).

Вечер в Царском Селе: Анна Ахматова (1889–1966), великий русский поэт. Николай Недоброво (1882-1919), литературный критик, автор провидческой статьи о поэтической судьбе Ахматовой в газете «Русская мысль».

Летний Физиологический Очерк: Нонна, Фрося — мать и дочь автора.

Натюрморт: Николай Сапунов (1880–1912), выдающийся художник-символист. Утонул во время лодочной прогулки по Финскому заливу, что стало постянной травмой/источником трагического вдохновения для его друга Михаила Кузмина.

Notes

Motherhood and Childhood: Vladimir Nabokov's mother died in Prague during the second World War. The novelist was unable to visit her. Arkady Averchenko (1881–1925) was a Russian satirist.

Manuscript Found by Natasha Rostova During the Fire of Moscow: Natasha is the somewhat frivolous yet genuine and generous heroine of Tolstoy's *War and Peace*.

From Mad Vatslav's Diary: Vaclav Nijinsky (1889–1950) was a Russian dancer and visionary of modernism in the visual arts who spent the last thirty years of his life in psychiatric asylums.

Evening in Tsarskoe Selo: Anna Akhmatova (1889–1966), one of the most respected Russian poets, evolved in her identity from bohemian *femme fatale* to stoic martyr of the totalitarian regime. Nikolai Nedobrovo (1882–1919) was a literary critic and poet whose article about her poetry was highly regarded by Akhmatova; he died of tuberculosis.

Summer Physiological Essay: Wanderers and other poems: "Frosya" and "Nonna" are the poet's daughter and mother.

A Still Life: Nikolai Sapunov (1880–1912), Symbolist artist, died in the boat accident. Mikhail Kuzmin (1872–1936), Symbolist poet, survived the accident in which Sapunov died but was haunted through his whole life by his best friend's death in the humble waves of the Gulf of Finland.

Other books from Tupelo Press

See our complete backlist at www.tupelopress.org

"Lavishly mordant, magically bitter, erotically sardonic, the poems of *This Lamentable City* plant themselves on the far side of history's hopelessness, where sometimes even a trace of love springs. Ilya Kaminsky's free translations are a live-wire joy to read."
— ALICIA OSTRIKER

"Polina Barskova's work emerges from an intelligence and a sensibility in which poetry matters, and not only to poets. These poems arise from a confluence of history and lyric:...fraught with danger but vibrant with inquiry. Ilya Kaminsky and his collaborators have created taut, lively translations that earn their place as poems in English."
— MARILYN HACKER

Poems of Polina Barskova
Translated from Russian by Ilya Kaminsky with Kathryn Farris, Rachel Galvin, and Matthew Zapruder

"Barskova is an elegiac poet who brings to her American readers a language formally inventive, worldly and humorous. One of her strengths is her ability to bring together strikingly erotic, sensual images...with a deep sense of history and culture.... In Russian, Barskova is a master of meter, rhyme, and alliteration, and...(w)hat comes across in English is the tonality of the poems, the clarity of her vocal play and images, her intricacy of address."
— ILYA KAMINSKY,
FROM HIS INTRODUCTION TO *THIS LAMENTABLE CITY*

"Barskova's poetry harbors that rarest of combinations: at once edgy, ironic, obviously modern...and classic, genuflecting to absolutely traditional Russian poetic mores and obsessions. The images are new, fresh, and even startling, but the rhythmic and sonic patterns have a reassuring aesthetic wisdom. I was utterly taken with these poems."
— DR. YVONNE H. HOWELL, RUSSIAN AND INTERNATIONAL STUDIES, UNIVERSITY OF RICHMOND

In her homeland of Russia, **Polina Barskova** is considered one of the most accomplished and daring of the younger poets. Born in 1976 in Leningrad — now called St. Petersburg, as before — she began publishing poems in journals at age nine and released the first of her six books as a teenager. She came to the United States at the age of twenty to pursue a Ph.D. at the University of California, Berkeley, having already earned a graduate degree in classical literature at the state university in St. Petersburg. Barskova now teaches at Hampshire College in Amherst, Massachusetts. This is the first book of her poems to be published in English translation. Editor and translator **Ilya Kaminsky** was born in Odessa, Ukraine, and is author of a bestselling book of poems, *Dancing in Odessa* (Tupelo, 2004), and co-editor of *The Ecco Anthology of International Poetry* (HarperCollins, 2010). He teaches at San Diego State University and the New England College MFA Program in Poetry.

ERIC CRAWFORD

ISBN 978-1-932195-83-5

51195

9 781932 195835

$11.95 US

Tupelo Press   www.tupelopress.org